사랑을 모르고

사랑을 모르고

초판 1쇄 인쇄 2008년 3월 25일
초판 1쇄 발행 2008년 3월 30일

지은이 I 곽병열
펴낸이 I 김태봉
펴낸곳 I 도서출판 띠앗
등 록 I 제4-414호

편 집 I 황은진, 김주영, 김미란
기 획 I 정종해, 김경임
일러스트 I 조시형
마 케 팅 I 박상필, 김명준
홍 보 I 이준혁

주소 I (우143-200) 서울시 광진구 구의동 243-22
전화 I (02)454-0492
팩스 I (02)454-0493
이메일 ddiat@ddiat.co.kr
홈페이지 www.ddiat.co.kr

값 6,000원
ISBN 978-89-5854-053-3 (03810)

사랑을 모르고

곽병열 시집

도서
출판 띠앗

✿시를 펴 보이며

불면 입술 위로 날아가는
그런 글이 아니라
가슴으로 부르는 노래이고자

한 마디라도
한 사람의 가슴에
묻어나는 살점 같은
언어로 남으려고
숨을 몰아가며 썼습니다

좋은 건
이유가 있지만

사랑은
이유가 없어도
목숨을 바칠 수 있는
숭고함이 있어 아름답습니다

사랑하며 떠나 보내야 했던
슬픈 이야기를 가슴에 묻어 둔
그리움이
이젠
시로 피어났으면 좋겠습니다

CONTENTS

2부_ 행복한 기다림

3부_ 계절의 끝자락에서

4부_ 삶의 고단함으로

1부
가는 님 오는 사랑

사랑

내 사랑
당신이 아니고서는
사랑을 모릅니다

사랑에 이유가 있어
사랑한 것도

사랑하고자
사랑한 것이 아니듯

잊고자 하여
잊히지 않음을 압니다

생에 질긴 인연의 끈이
잊도록 잊히지 않는 당신이
사랑입니다

님을 보내며

노상 웃고 있어도
실상은 울고 있는 걸

웃어도 눈물이 나는 걸
님은 모르고
다 잊은 듯이 떠나가나요

눈물을 흘리지 않고도
울 수 있다는 걸
사랑을 잃은 슬픔을 아는 사람은
모두 아는데

님과 이별해도
아니 흘린 눈물이니
쉽게 잊은 듯이 떠나가세요

웃어도 실상은 울고 있는 걸
님은 모르고 떠나가는데
눈물은 안 나고
그냥 실없이 웃고만 있네요

당신은 누구입니까

산을 넘은 해
어둠은 강물 속으로 잠겨가고
사랑을 따라 나섰다가 돌아와
생각이 많아진 밤
가지 말아야 좋아했던 길에서
뒤돌아보게 했던 시간들
어쩌면 그렇게 정해져버린
운명 같은 만남
그리고 이별

창을 열어보지만
풀잎을 부딪히고 지나가는 바람소리에
쓰러지는 초록의 일생이 허무로 남는 가을

당신 말고는 원한 것이 없는데
당신 말고는 원할 것도 없는데
다가설수록 멀어졌던
당신은
나의 누구입니까

4월은

시간이 흐르는 소리를 듣는 건
두려움이에요
준비 없이 온 봄도
꽃을 피우고 빠르게 꽃봉오리를 만들어요
4월은 기다림으로 참았던
겨울이 무서워요

수평을 만들지 못하고 흐르는
물살 위로 비친 햇살이
돌비늘처럼 빛나고
널려있는 바람소리를 들어요

꽃이 하얗게 지는 눈발로
초록이 굴복하고
물살도 힘을 풀어
돌을 거스르지 않고
그 간격으로 미끄러져 가는
계절을 지나면 오는 겨울이

난 무서워요

돌아눕던 지난날에 생각으로
그대를 기다리던 날들이 얼음처럼 추워져요

바람에 몸을 맡겨요

눈물도 그리움을 모르는 세상

소리 없이 울다가 밤이 된 이슬이
그렇게 불렀던 이름은
오직 한 사람 당신뿐이었소

사랑이 아니고는 어찌 알리오
속으로 터져 오는 그리움으로도
그에게로 가지 못하고
모퉁이마다 서서 기다리는걸

끝이 안 보이는 기다림으로
사는 게 시들해지면
강 언덕에 눕는 들풀처럼
목숨을 강물에 담그고
바람에 몸을 맡겨요

그게 사랑인 줄

나만 돌아서면
아무도 모르리라
생각했을까

길길이 뛰며 이대로는
못 간다며
끌며 앞으로 나가도
끝내 길을 내주지도
물러서지도 않았다

바라보는 쪽이 항상
앞이 아닌데도
수없이 뒤돌아보게 했던
기억들

그가 나를 넘어
떠날 때조차도
난 그게 사랑인 줄만 알았는데

아주 먼 훗날에서야 알았네
돌아오려 떠난 게 아니란 걸

등지고서

당신을 등지고서
당신을 바라봅니다
뿌리치던 소매 끝이 찢기도록 잊자고 했던
운명이 가혹하여도 거기엔 이유가 있다고
받아들이자
그리고…
어떻게 해야 할지 몰랐습니다

그렇게 세월이 흘러
지금은
다시 함께하기 위해 돌아갑니다

운명이 비켜선 자리에도
사랑이 다시 온다고 믿고 기다립니다

알 수 없어요

시기하는 바람이 꽃을 덮쳐도
순서 없이 오는 계절은 없고
헤어짐이 만남보다 앞서지 않고
뜨고 지는 해는
어제처럼 계속되어도
너 없는 내일이란 없는 거라 생각해도
세상은 하나도 변한 게 없고
뿌리칠 수 없는 유혹에
철들지 못한 사랑이
밤을 지키지 못하고 허락한
새벽엔 생이 허무해집니다

별이 가른 빛으로도 널 볼 수 있는데
기다림이 시작되기도 전에
허무해진 사랑은
뭔지 모를 기호들만이 삶을 어지럽힙니다

곁에 남기 위해

밉도록 잊히지 않는 그가 미워서도 아닙니다
미움으로는 떠나면 안 될 것 같은 생각이
떠나는 이유가 된 거라오

사랑이 아니더라도 미움만으로
이별하지 않으려
서둘러 비워 둔 자리에
당신에 무엇으로든 남고 싶었습니다

그것은 내가 당신을 사랑하지 못하는
아픈 상처를 보이지 않고도
남을 수 있는 유일한
방법인 줄 알았기 때문이오

사랑은 절로 오지도 노력한다고 이룰 수 없는
그래서 외로움이 많은 인간이 되는 줄
당신을 사랑하므로 알았어요

당신이 있어 아름다운 세상도
사랑을 잃은 난 언제나 외롭습니다

당신께 의지하려 합니다

어딘 줄 모르고 갔던 밤길도
무섭지 않게 가서 돌아온 이야기를
비밀로 간직하던
밤들이 그리워 힘없이 엿보던
생의 틈바구니를
끈질기게 뒤쫓던 시선으로
가만히 당신을 바라봅니다

목숨처럼 사랑해도 말로는 쉽지 않아
기다림으로 주춤거리다
때를 놓친 시간이 뒤를 따릅니다
지금 말할 수 없다면 어쩌면
몇 겁(劫)을 더 기다려야 할지 모릅니다

허나
흔들리지 않는 마음은 오래
기다려도 조급함이 없습니다

이제 한 세기가 끝나가는 공허함을
나
당신께 의지하려 합니다

한 이름을

들었네
소리쳐 불러도
헛되이 돌아오는
산등성이마다
붉게 토하는 저녁놀에
어둠으로 침묵했던
한 이름을

보았네
한에 겹도록
붉어진 그늘 아래서
불렀던
이름의 그를

이를 수 없어
잊히지 않아
가슴에 별로 남은 상처에
그 이름을 묻고 말았네

한 줄을 보탭니다

한밤중인데도 밖이 훤해지는 걸 보니
또 눈이 내렸나보다
때로 묻어나는 기억으로 옴츠러들면서도
왜 자꾸만 널 부르는가
아 사랑했다고 그게 눈물 나도록
슬픈 이야기가 되는 줄 몰랐던
그 날들 위로 미끄러져 갇힌
세상에 하고많은 사람들 중
유독 당신은 내게 잊히지 않은
사람이 되었나

세상에 하고많은 사람들 중에 한사람으로
돌아갔어도 유독 당신을 떠나보내지 못한 난
또 한 줄을 보탭니다
아직도 당신을 사랑한다고…

널 그렸는데

너를 그리려고
밤을 새운 붓은
그린 것보다 지운 게 더 많아
희어진 화면에 비친 내 그림자만
지우지 못해 남아있구나

너 없는 세계를 보여 주겠노라며
화면에 가두어 버린 세계에
지우고 채워서 또 너를 그렸는데
너무 희어서 보이지가 않는구나

물감을 아무리 섞어도 희어지지 않는데
희어서 볼 수조차 없는 넌
어떻게 그렸는지 알 수 없구나

폈다 접었다
바라볼 뿐
붓으로는 더 이상
널 그릴 수가 없구나

기다림

앞으로 나간다
산이 산을 넘어 나가고
들은 돌아보지 않고 달린다
다시 올 이유가 없다는 듯
구름이 떠나간 하늘은 텅 비었고

끝없이 밀려드는 파도에
물은 토할 사이도 없이
왔다 가는 그리움에
난 그에게 무엇이 되고 싶어
바다로 가 수없이
생을 마감하는 빗방울이 되려 하는가

이젠 보여다오
그 깊은 속을

내가 가야 하는지
더 있어야 하는지

잘 듣지 못했어요

사랑한다고 했나요
잘 듣지 못했어요
지금 막 기차가 요란한
소리를 내며 지나갔거든요
당신에게 사랑한다는
말을 듣는 건 꿈만 같아요

이제 그리로 가겠어요
오랫동안 말없이 침묵으로 살았어요
혼자서 힘든 날에 무슨 생각을
했는지 아세요
그건 당신 생각뿐이었어요
어떤 날은 하루 종일 당신만 생각했어요
생각조차 할 수 없다면 아마 미쳐 버렸을 거예요

알 수 없어요
당신을 떠나지 못하는 이 마음을

사소한 일에도 마음이 상해
며칠을 토라져 말도 않던
때를 생각하면 웃음이 나요

이제 다시는 헤어지지 말아요
비로소 당신이 얼마나
내게 소중한지 알았어요
오랜만에 나직이 당신 이름을 불러 봅니다

그 추웠던 겨울을 기다림으로
스멀스멀 기어드는
냉기로 마주쳤던 밤들이
봄날에 햇살로 가득하고
내게도 당신이 왔어요

당림리

나는 갔었네
그 후에도 몇 번인가
그 자리에 앉아보곤 했네
강바람으로 다 식어버린 언덕에
뒤돌아보던 새들의 날갯짓도
얼어붙은 물 위로는 떠오르지 않고
짙게 오는 어둠 속으로 떠난
물 위에 얼어붙은 별들만 박혀있구나

모았다 풀어헤친 소리에
섬뜩 놀라 뒷걸음치던 자리에
길게 그림자를 키운 풀들이
바람이 쓸고 간 모습으로 누워
빈 겨울을 견디는구나

울지 않으려 올려다본 하늘이 파랗게
어두워진 곳으로 발길을 옮깁니다
기다림으로 족한 행복이

잿빛하늘에 내리는 어둠을 뚫고
목숨처럼 걸린 줄 위에서
당신이라고 부르는 소리가
힘없이 내려앉습니다

쉼 없이 사랑했는데도
이별이 어쩔 수 없는 건
당신의 뜻인가요

버리고 온 세상

찬바람이 스쳐 지날 때
가던 길을 몰라
뒤돌아보지만
난 내가 누군지 알 수 없네

아무 욕심 없이 서서
내가 버리고 온 세상처럼
바라만 보아도 바람 부는데
한 번 안 태어난 욕심으로 살려 해도
낙엽이 힘없이 생의 끈을 놓는 가을엔
왜 삶에 이유를 따져 묻나요

빈 들녘에 부는 바람이 아니더라도
슬퍼지네 이 가을에
아스란히 먼 곳까지 보이는 별이
내가 버리고 네게 온 빛일까

니가 바라는 세상과
난
왜
이리도 멀리 와 있는 걸까

2부
행복한 기다림

달은 뜨지만

달 뜨면 보일까봐
숲으로 가
수없이 부르던 내 이름에
얼굴을 묻고
이제 그만 데려가 달라고
가슴에 찍어준 자국이
다 지워지도록

달은 뜨지만

잊지도 못하면서
그립다고 하기에
믿었던 내가
먼저 잊겠노라 하고
돌아와
울었네

그리고 세월이 흘러
오늘은 아주 조금만 울었네

어둠과 고독

많은 밤들이 오고 갑니다
생각을 잊음으로
아픔이 더러는 지워지고
남아 있는 생각은
어둠을 더 짙게 가라앉힙니다

비 그친 안개로 한 치 앞도
분간할 수 없는 밤이
무겁게 내리고
고독도 함께 옵니다

나뭇잎에 비친 그림자가
어지럽게 바람에 흔들리고
이젠 집으로 가는 사람도 없습니다
이 어둠 속에 무서움도
고독을 몰아내지는 못하고
검은 어둠 속으로 자꾸 걸어 들어갑니다

검은 밤조차 무서움을 모르는
이 고독은 어디서 오는 걸까

뭔 말이여

말은 말로써 의미를 다하고
그게 아니라고 항변해 보지만
말로써 말할 수 없는
무언가를 말하지 못하는 언어가 있다는 걸
몰라서 모르는 걸까
나조차 뜻을 모르는 의미가 있는 걸까

마주 보아도 이젠 할 말이 없고
무엇을 잘못했는지 모른다고
말해달라고 했지만
말해도 모를 꺼라 했네

의미를 다한 말로는
당신의 마음은 헤아릴 수 없고
안다는 것과 모른다는
차이가 뭔가를 생각하며 바라다본 길은
단순하고도 훤해 보이는데
당신은 그 길로 가고 오지 않았다

시절을 모르고 핀 꽃

기억은 흙먼지로 흩어지고
아니라고 단 한 번도 말해 보지 못했던
요구도 이젠 익숙해져
은근히 기다려지기까지 하는데
그는 떠나갔네

이별은 준비 없이 오고
남겨진 자리가 이리도
애틋했나 봅니다

횅하니 가슴에 스치는
바람 같은 사랑이었습니다

오늘보다 고독했던
날도 없지 않지만
쉬 새벽이 오지 않는 것은
아직도 당신을 기다리고 있기 때문인가요

어둠 속에 검게 오더라도
내 어찌 당신을 모르리오
시절을 모르고 핀 꽃이
봄을 기다리듯 당신을 기다립니다

내가 지나므로 길이 되는 가을

까닭없는 슬픔과 같이 오는 가을엔
떠나간 사람이 그리워
써놓은 편지가 낙엽처럼 쌓이고

꽃이 지는 슬픔으로
해 저무는 언덕에
서 보지만
멀어져 가는 하늘 끝자락이
고독으로 남는 가을

울고 싶은데도 이유를 몰라
밤을 새워도 잠들지 못하고
사랑하지 않았는데도
그가 그리워
곁에 서지만
그게 더 고독한 가을

저문 들녘으로 달려와
홀로 울다가 떠나가는
영혼에 애달픈 소리가 들리는 가을

배고픈 짐승보다
더 슬피 우는 남자가
네게로 가는 길도 가을이다

비켜가도 길인데

가끔은 생각 속에
너를 떠올릴 때가 있다
비켜 가도 길인데
멈춘 생각은 맞서려고만 하네

아주 한참은 되었을 일을
어깨 뒤에 박힌 시선이
자꾸 뒤돌아보게 하지만
좇아오는 건 그림자뿐인 걸

마음은 자꾸 어디로 가는 걸까
자주 와본 길인데도
오늘은 가는 길을 모르겠구나

이젠
가르쳐다오
네게로 가는 길을

님의 사진

님은 날 보고
웃고 있네
항상 같은 모습으로
벽에 걸리어

이별로 떠나간
뒤에도
님은 그렇게 남아
웃고만 있네
슬픔은 다 잊은 듯이

내가 미우냐고 물어도
그냥 웃고만 있네
님은
이제 바보가 된 건가

서론을 추론할 수 없는 이야기

어제는 꿈속에서 너를 만나
말없이 바라만 보다가 잠에서 깨어났다

잊어야 한다는 그 말로
가슴 한구석을 텅 비워놓고
떠나간 너를

기쁨으로 가득한 날엔
떠나간 널 생각지 못하고

혼자만이 남아
늘 부르던 노래처럼
그렇게 슬픈 이야기만 남기고
주춤 주춤 멀어지던 넌
건널 수 없는 시간으로 돌아간 건가

하루하루를 얼마나 힘들게 보내고 있는 건가
너도 나처럼 생각에 지친 모습으로

하루를 보내고 또 그런 하루를 시작하는 거니
어쩌자고 나
이러는지 모르겠다

이 사랑 다음 생에서라도 이룰 수 있다면
기다리다 늙어 죽어도 좋으련만

남아 있는 나

떠나간 사람을 잡아도
사랑이 아닌데도
하루를 온통
널 생각함으로 보내고
또 그런 하루를 시작하오

세월이 흐르면 잊겠노라고
차디찬 마음으로 다짐해도
결국 돌아와 선 자리가
또 그 자리인 걸
세월이 간들 시간만 흘러갔지
마음속에 너는
흘려보내지 못했구나

밤을 지우려 어둠을 닦아 보지만
가슴 위로 지탱하기 힘든 빛이
그림자 속으로 숨어들고
밖에 서 있는 겨울처럼
네 닫힌 문 앞에
살포시 내려앉는 봄별이
이제 나였으면 좋겠다

진작 잊었으면

사랑만으로는 사랑을
이룰 수 없어
당신을 잊기로 했습니다

눈을 들어 허공을 바라보는 것 말고는
할 것이 없고

늘 하던 일도
할 수 없다는 걸
얼른 생각해 내지 못하고
아주 여러 번 당신에게 가다가 돌아왔습니다

유리창 빗방울에 거꾸로 매달린 나는
그 위로 내리는 빗물에 자꾸 지워집니다

진작 잊었으면
다른 사랑을 얻을 수 있는데….

너를 또 가슴에 담고 왔구나

봄날은 아직 눈이 시려도
얼음 한 꺼풀 벗긴
물 위로 제 살 깎으며
떠나가는 겨울이 있다

봄이 오면 어쩌나
부르지도 못한 사랑이
봄 잎처럼 돋아나면
내 가슴은 언제나
그날인 듯 두근거린다

하얀 볼 위에 흐르는 향기가
가슴을 불 질러도
차라리 다짐이나 말걸

넘을 수 없었던 세월의 언덕 앞에
수없이 좌절했던 지난날이
봄날에 아지랑이로 피어오르면

이젠 잊어달라고
나를 잊어도
돌아보면
또 너를 가슴에 담고 왔구나

널 그리움으로만 난 슬퍼지나

시간은 빠르게 흐르고
알 수 없게 변해 가는데
사랑은 왜 이리 더디 올까

얼마를 기다렸나
모르게 지나간 사랑 있어
다시 와 줄까

언젠가 꼭 오리라는 걸 알지만
그것이 운명이라면
왜 진작 만나게 하지 않았나

점들이 모여서 선으로 잇지 못하고
끝없이 되풀이되는
널 그리움으로만
난 슬퍼지는
그런 사랑은
이제 그만 하려 합니다

어쩌면 벌써 와 기다릴지도 모를
그가 그리워서
빈 하늘만 매만지다
돌아옵니다

진달래

꿈은 꾸어 본 적도 없다
살아있어도 죽은 자처럼
감각이 없다

발가락이 없다고
손가락이 없다고
못살 리 없지만
꿈 없는 고통은
희망도 아프게 생채기를 낸다

왜 태어났을까
살라고
보낸 건가
죽음으로 던져진 건가

더럽게 아름다운
하늘 아래
인간이 되지 못해
문둥이로 살다간다

3부

계절의 끝자락에서

나더러

너는 나더러
밤을 낮처럼
훤히 보라고 하고
낮을 밤처럼
어둡게 해보라 하더니

너는 나더러
잊으라 하네

그러면
밤을 낮이라 부르고
낮을 밤이라 부르자
그래도

너는 나더러
잊으라 하네

속살 속에 감춘 허무

속살처럼 희게 드러내 놓지 못하고
겹겹이 싸매놓은 그리움을
올올이 풀어헤치며 이게 전부라며
살아온 날들에 고독을 내맡기던 넌
밤을 술 삼아 마시고 취하여
살 속에 너를 묻던 날

무어든 잊어버리고 고독과
한판 싸움을 끝내려 하네
분 바른 얼굴에 빨간 립스틱이 어울릴까
아니 분홍색 립스틱을 칠해보렴
그러면 속아줄까
허무로 덮인 속살이 아직 보인다고
말하지만 말아다오

너도 나처럼 고독해 봤다면
쉽게 말해버린 소문처럼
그렇게 비난하지는 못할 거야

밤이 어디서 왔다 어디로 가는지
보지 못했다면 날 미워하지 마렴

이 밤 지나면
이슬보다
먼저 일어나 떠나가련다

퇴색된 만남

중얼거림이 언제부터였던가
난 다시 지루한 기다림으로 섯고
다시 오겠다는 토라짐도 없이 떠나간
시간들이 쌓여 나를 묻는구나

지탱할 수 없는 슬픔이
떠나간 사람을
잊고자 했던 갈망도
보고자 했던 열망도
세월의 시간 속에서
그런 것과 그렇지 않은 것이
불분명한 때가 된 건가

잡으려 쫓아갔던 무지개처럼
그도 잠시 존재할 뿐
해 지면 사라지는 것일까

하루를 두고 기다리면
더 나은 날이 올까
기다린 날들 위로 구름이 떠간다

패배자

단호한 어조로
그게 아니라고 말해도
몽둥이가 남기고 간 살 위로
핏빛은 배어나고
개처럼 엎드려 미동도 없네

힘없는 자는 늘 그랬다
목소리를 낮추고
고개를 숙여
반항할 힘이 없다는 걸
몸짓으로 보여줬지

천민도 반항할 때만
고귀해도
삶의 비겁한 욕망엔
내가 없네

대물림

땅은 세습되고
남겨진 몫도 없이
가난으로 태어나
제 것 하나
갖지도 못하고 지키네
이 땅을

가난하다고 왜 모르나
아픔을

가난이 죄이니
죄인처럼 살라고
숱한 허상들의 독소가
살을 헤집고 들어온다

이슬

이슬은
무슨 죄를 지어
밤새 혼자 떨다가
땅 위에 엎드려
아침을 기다리나

동이 트면 산산이 부서져
허공을 맴돌다
밤이 오면 사지를 옴츠리고
울다가 제 눈물로 얼어 버리는가

이슬은
무슨 죄를 지어
울다가 제 눈물로 얼어 버리는가

이별한 줄 모르고

헤어진 후에도
반가운 마음에 달려가
한참을 손을 잡고서도
몰랐네
우리 이별을

다시
생각을 해보고는
서로 어색해져서
그냥 웃었네

그리고는
왜
이별을 하였는지
그 이유가
생각나질 않아
한참을 그 자리에
맴돌다가
돌아왔네

사랑하였음에도
이별해야 했던
우리의 사랑에 대하여
생각할수록
잠을 이룰 수가 없었네

3월이 되면

2월 어느 날
목숨처럼 바쳤던 사랑에
안부를 묻는다
소식이 없어도 안녕하지요

그리움이 남아 있는 한
이별은 없는 거라며
남기고 간 편지를
무딘 가슴속에 묻히도록
읽고 또 읽었어요

떠나간 사람을 못 잊는 건
사랑이 아니라 그리움이라는 걸
긴 이별 뒤에야 알았어요

사랑보다 질긴 것이
그리움이라는 걸

3월이 되면
꽃으로 돌아와
이젠
피고서는 지지 마세요

이젠 말해도 될까

오래 망설이다가 고백을 했다
사랑한다는 말에
표정이 굳어지며 무수히 많은 생각이
그의 머릿속을 스치고 지나는 것을 알 수 있었다
한참동안 대답은 없고
어색한 침묵의 시간이 흘렀다

사랑을 고백함은
서로가 충분히 사랑함을 알고 있으며
말로 확인이 필요할 때만 하는 거라 하였네
너무 이르면
사랑이라는 말의 무게를 견디지 못하고
또한 너무 늦으면
기다리다 지쳐서 멀어질 수밖에 없는 거라며

그래서
사랑한다는 말을 하고 싶어도
때를 기다리는 거라며

그러면 이제
다시 당신을 만날 수 없다는 뜻인가요
아마 만난다 해도 예전과 같지는 않을 거예요

긴 강에 섬 하나

차고 깊은 물속
고기들이 비늘로
허물을 벗는 강가에서

다 주어도 공허하지 않은
사랑인 줄 알았는데
외로움이 깊어지니
그가 미운 건
아직 사랑이 그 뜻을
모르기 때문일까

넌 내가 된 거야

그러다 잊게 되겠지
세월이 흐른 뒤에도
잊히지 않고 남아 있는 건
나인 거야

잊어도 잊어도 새살처럼
돋아난 넌
그리움으로 생겨난 나인 거야

이젠 이별 없이 남아
가슴속에 늘 간직하고
그리울 때 사진으로 꺼내 볼 수 있는 넌
내가 된 거야

그렇게 오세요

봄볕은 바람을 풀어
들풀 위를 겹으로 비춰도
향기로 유혹하는 꽃잎 위로
나비의 몸짓으로
그렇게 오세요

그림자 지우고 해는 져도
부르고 들었던 님의 소리
어둠 속에 늦도록 남아 있어요

풀숲을 헤치는 헛발질로 놀란
풀벌레의 울음소리가
바람 따라 겹으로 들려와도
밤늦도록 님의 목소리만
남아 있어요

선택

맑아지도록 가만히 닫힌 마음을 들여다봅니다
그러나 생각이 좁혀지질 않습니다

많은 생각이 오히려 일을 그르칠까 두렵습니다
후회도 그런 생각에 잘못 판단한 오류의 표본일
겁니다

믿음이 불신과 이기심을 포용하는
너그러움으로 선택하려 합니다
후회가 두려워 포기한 선택이 있다면
그건 생에 남은 날들이 무섭게 질책할 것입니다

주위에 여건들이 선택을 주저하게 해도
결정은 견고합니다
그 선택을 믿고 설령 더 다가설 수 없어도
돌아가지는 않을 것입니다

그것이 불행이라고 하여도 운명으로 받아들이고
내가 한 선택은 최선이었고
난 그것이 행복이었다고 말할 것입니다

이제 저를 받아 주세요
당신밖에 길이 없어 이렇게 왔습니다
생에 두려움을 안고 당신의 문을 두들깁니다
더러는 흔들리는 바람 속에 놓일지라도
저버리지 않고 당신 안에 살게 해 주세요

다시 가만히 마음을 들여다봅니다
훤하게 밝아진 그 속에 이제 당신이 보입니다

숨기기

흰 눈 위로 뜬 달은
어둠도 낮처럼 발가벗기고
밤도 비밀이 없다

언 살 위로 할퀴고 지나가는 바람에
잎이 다 진 나무는
바람이 불면
몸을 흔들며 그냥
바람의 매를 맞는다

갈 수 없어

이제 가라하네
어두워 오는 밤길은
무섭기만 한데

홀로 가라하네

떠나려니 아름답네
두고는 갈 수 없는데도
작별 없이 가라하네

눈 뜨고는 못가겠네
내 발로는 못가겠네

슬프기만 하네
서럽기만 하네
눈물만 흐르네

어둠으로 밀려가면 그게 죽음인가

창가에서

안 보면 쉬운 이별도
가끔은 보고 싶은데

나도 모르라고 흘린 눈물이
널 그리움으로 온 건가

미움으로 떠난 사람
입으로 헤어지겠노라 말하면
마음도 따라 이별인 줄 알았는데

빗소리에 깨어
늦도록 창가에서
그가 오는가 서구나

이럴 여
보낸 건 아닌데

4부
삶의 고단함으로

떠난 뒤

바늘은 쉼 없이
추를 따라 움직이고

밤은
새벽을 기다리며 졸고 있어
별이
서둘러 빛을 접는다

가야만 오는 아침은
어둠을 몰아내고

뜨고 지는 해가
윤회처럼 돌아도

만나지지 않는
시간의 오차가

그림자도 없는 비련의 오후처럼
그런 나로 남게 했소

약속도 못하고

입 안 가득
바람을 채우고
곱씹어도
난 배가 고픈데

하루가 가고
오늘이 또 오면
기다린 시간의
길이만큼
그도
날 그리워할까

여기서 기다리라면
떠난 날을
어제처럼 기억하는데
벌써 겨울이
오고 있구나
약속을 지키려고
약속도 못하고
기다리는 걸
그는 알까

소문

속삭임이 들린다
가늘어진 바람소리에
밤이 깊어간
줄도 모르고
멀리까지
비밀이라며
소곤거린다

아무에게도
말하지 말라고
해준 이야기를
넌
누구에게 더 보태어
귀엣말로
속삭이는 거니

이제
그와 난
비밀이 아닌데

신의 조롱

꽃이 더 빨개질 수 없어
빠르게 시드는 건
변덕스럽게 흐르는 구름이
해를 가리고 있기 때문인가요

원치 않는 운명을 바꾸려
하늘과 맞서 봅니다

신이 없으면
선악도 없고*
소리 없이 흐르는 눈물은
신의 몫이라고
운명은 한 치 앞도 먼저
가르쳐 주지 않는 건
희망을 가져도 좋다는 건가요

---

* 까라마조프씨의 형제들 중-도스토예프스키

고목나무에 피고 지는
꽃만 보고도 살고 싶어 한
뫼르소*의 삶처럼
그가 죽은 뒤에도
지구상에 남자와 여자가
살고 있는 건가요

돌아서는 발길에
무수한 들풀들이 쓰러집니다

---

* 까뮈의 '이방인'의 주인공

여름이 가는 길목에서

날을 세워 바람처럼
빠르게 비상해도

초록은 빛을 잃고 가을로 가고
새들은 혼인색 교태로
암수를 불러 종족번식에
사투를 벌인다

끝없이 나른한 오후에
햇살은 졸린 어깨 넘어
가로지른 빗장처럼 걸리우고
읽다 만 책장은 바람이 읽는구나

기다릴 줄 모르는 넌
약속도 없이 가선
혼자만 돌아와
긴 언덕에 눕는 하늘처럼
말이 없구나

남아 있는 사랑

아직 기다리고 있는 걸
그는 알까
기다리는 이유가
그리움이라 말하면
그가 웃을까

잊히지 않아서
비울 수 없다고
보내고도 남아 있는 사랑은
그래서 더 외롭고 허전하다고

덮어 두었던 이야기가
눌어붙은 기억을 잡고
놓아주지 않는다고
어떻게 말해야 하나

부쳤던 편지는
수치인 불명으로
놓고 간 모습으로
입을 다문 채 있는데

녹색 눈

해는 빛을 뿌리며 지나가고
초록의 일생이 빛을 따라 흘러
꽃이 피고 지는구나
나무 뒤 그늘에 모습을 감추고
더 깊이 빛을 피하는 눈

잎들은 가을바람에 빠르게 붉어지고
짐승들도 낮은 산으로 내려와
가늘어진 물소리에 목을 축이고
아직 초록인 나를
녹색 눈이 보고 있다

길들지 않은 짐승은
길을 만들지 않고
풀을 누이며 지나온 자국을 돌아본다
족적의 올가미를 목에 걸고

영역도 없이 넘나들던 골짜기마다
표적을 기다리는 맹수는 주린 배를
땅에 대고 먹이가 오는 소리를 듣는다
아직 초록인 나를
녹색 눈이 보고 있다

낙엽

바람에 뒹굴어
이리 저리 떠돌다
구석으로 쌓이는 낙엽

추워서 떨고 있는
낙엽을 불러모으네
이리로 오렴
함께 있는 것이
혼자 있는 것보다
따듯한 걸

알려고 하지도
않는 놈은
추워도 떨면서
어디론가 굴러가네

추위보다
더 춥게 하는 것이
있다는 걸
안다고 하며
더 높은
산으로 올라가네

박제로 살다 간 친구

그는 태어나면서부터 혼자였다
늘 울고 있어도 그의 눈물을 본 사람은 없고
함께 있어도 혼자 웃고 울었다

가을이면 귀뚜라미처럼 벽에 기대어 울고
밤에도 그가 자는 걸 본 사람이 없다

혼자서 늘 무언가 했는데
무엇인지 알 수 없었다
그래 사람들은 그를 미쳤다고 했다
허나 그는 미친 건 아니었다
그들이 이해하는 삶을 살지 않을 뿐이었다

그러던 어느 날 한 여인을 만났다
자신과 모든 면이 너무도 닮아
마치 거울을 보는 착각에 빠질 정도였다

세월이 흐르면서 점점 둘만의
세계로 빠져들어 갔다
그러나 세상에 살면서
세상을 등지고 살기는 쉽지 않았다
그들은 거의 먹지도 않고
이상의 꿈만 꾸고 살았다
그러던 어느 날 그녀는
잠이 온다고 하며 쓰러져 일어나지 않았다
그가 버린 줄 알았던 세상이
그들을 버린 것이다

그래서 결국 또 혼자만이 남아
기쁠 것도 없는 삶이라면
그건 죽음이라며
그런 자신을 수없이 학대하며
술로 세월을 보내던 그는
무거운 육신을 줄에 매달아 놓고
어디론가 떠나갔다

어떤 싸움

미처 피할 사이도 없다
생떼를 쓰며 덤빈다
말려도
죽인다는
말을 빼곤 전부가 욕이다

사람이 모이지만
편을 가르지도
잘잘못은 묻지도 않고
짓밟아 버려
돌로 쳐라 한다

피가 흘러내릴 때도
서로의 머리채를 잡고
그렇게
한참을 있었다

사람들은
시시하다며 돌아가고

그들은
움직임이 없다

꿈

먼 길을 돌아가던 발길에

말없이 번지던 소문이

뜻으로 흐려지려나 보오

먼 듯이 보였던 일들이

아주 가까이에서 이제 이루어 지려나 보오

행여나 했던 일들이 두려움도 모르고

옳음을 위해 깃발 아래 줄을 섰습니다

오늘에서야 우리가 꿈꾼 게

숫제 허상만은 아닌 것 같군요

손을 들어보시오 그게 우리의 표식입니다

이제 당신은 저 강을 건너시오

난 오늘밤도 기다려 보겠소

뜻을 같이함이란

삶을 같이하겠다는 의미가 아니겠소

모두가 강을 건넌 뒤

그때 다시 만납시다

사랑을 모르고

잊기로 말하자면 만남보다 쉬운
이별이 있겠냐마는
떠나고도 보내지 못한 마음이
미워
내가 미워서 돌아가는 것을

사랑을 모르는 네가 알겠냐마는

다짐도 헛되어
생각보다 먼저 가는 마음에
한참을 보고도 못 본 듯
뒤돌아 갈 때
아닌 듯 서던 자리가
부끄러워

내가 미워
돌아가는 것을

사랑을 모르는 네가 알겠냐마는

지고도 다시 필 수 없는 꽃이기에
아무도 보는 이 없는 이 밤에도
피어 있는 것을

이제 굳이 잊으려 하지 않으리
돌아서도 그 자리가 기다림인데

생각하건데

이 말은 꼭 하려 꼬깃꼬깃 해진
쪽지에 쓰고 외던 그 사연을
끝내 말하지 못한 것이
널 보낸 이유가 된 것처럼
회한으로 남는 가을

굽은 길도 똑바로 질러가는 바람이
네게 와서는 떠나지 않는
소용돌이로 머무는 가을엔
밤을 새워도 분명한 건
더 많은 그대가
내 안에 있다는 거다

걸어도 발길은 네 집으로 향하고
생각을 멈추려 해도
널 회상함으로 정신을 가다듬는 가을

떠난 이유를 몰라
널 미워했던 가을이
또
이렇게 저물어 가는구나

이별은 운명인가요

당신 집 앞까지 왔습니다
창문에 비친 불빛이
가슴을 파고듭니다
이름은 불러 보지도 못하고 돌아섭니다

왠지 모르게 그냥 슬퍼집니다
한 번 가면
다신 돌아보지도 말라 했나요
이젠 생각조차 눈을 감았나요

이별은 쉽더군요
헤어지자는 말 한마디가 전부였어요
그런데 잊혀지는 건
기한이 없더군요

어제는 심한 욕설로 당신을 원망했어요
그래서 오늘은 잊히나 했죠

이별은 운명인가요
그래서 더 슬픈가요
왜 슬픈 것만 운명이 되나요

이젠 무엇도 원망하지 않아요
그냥 잊히지 않는 그리움뿐이에요

오늘은
우리가 만났던 자리에
한참을 앉았다가 돌아왔어요
허허롭기가
소리없이 흐르는 강물 같아요

내 그림

소유처럼 갖고자 애쓰지 않고
존재로 남기 위해 그렸습니다

그건 그런대로 두고 살자고
형태 없이
남겨둔 공간처럼 그렸습니다

더러는 삶이 고달파
흘린 눈물도
사랑의 배신처럼
두고두고 가슴에 남아
질기게 씹어 삼킨 이야기도
그렸습니다

오늘은
얼굴을 닦고 거울 앞에서
흐르고 지나온 날들에
삶의 자국을 보며
접었던 그림을 펼쳐봅니다

바위

나도 바위처럼 흔들리지 않고

세상을 바라 볼 수 있었으면 좋겠다

꽃피면 꽃바람에 뿌리째 흔들리는

내 갈망은 무엇일까

정오의 태양

내 삶은 정오의 태양처럼
아찔한 줄만 알았어요

당신이 처음 내게 오던 날
내 삶에도 이런 기쁨이
있구나 했지요

그런데
당신이 없는 아침이
온 걸 보고
지는 해를 보고 일어나
또 잠을 잤어요
내 삶은 이게 아니라며

하지만
정오에 태양이
다시 떠오른다고
당신을 잊을 수는 없어요

약속

내가 먼저 저버리진 않을 거예요

그대가 내게 한 것처럼
모든 것을 접어두고 조용히 기다릴 거예요

내가 갔던 것처럼
이제 그가 오리라 믿습니다

달맞이꽃

꽃잎 위로 치켜든 나비의 날개는
바람을 가르며 펄럭이고
한낮에 지던 빛이
달이 되어 떠오르면 피는 꽃

너를 지켜보며
사랑을 키웠는데
진정 모른단 말인가
내 사랑을

밤마다 달려가
꽃잎을 간질이며
널 비추는 달이 된 걸